AF219867

Umdenken statt Nachdenken

Sieben neue Sichtweisen für eine lebenswerte Zukunft

© 2021 Thomas Herold

Umdenken statt Nachdenken

Sieben neue Sichtweisen für eine lebenswerte Zukunft

Revision 1.08

© 2021 Thomas Herold

thomasherold.com

Impressum

Umschlaggestaltung, Illustration: Thomas Herold
Lektorat: Klaus Schepers
Korrektorat: Anja Zilg

Verlag: BoD – Books on Demand, Norderstedt
Druck und Bindung: BoD – Books on Demand, Norderstedt

ISBN Paperback: 9783752666823
ASIN e-Book: B0917DYHH4

Bibliografische Information der Deutschen Nationalbibliothek:
Die Deutsche Nationalbibliothek verzeichnet diese Publikation in der Deutschen Nationalbibliografie; detaillierte bibliografische Daten sind im Internet über http://dnb.d-nb.de abrufbar.

Inhalt

Über den Autor

Thomas Herold, Jahrgang 1963, lebte bis 1997 in Freiburg im Breisgau. Er studierte Elektrotechnik mit Schwerpunkt EDV, und gründete mit 21 seine erste Firma im Bereich Softwareentwicklung.

Seine Liebe galt allerdings schon in frühen Jahren der Metaphysik, und seine Reisen durch Indien prägten seinen weiteren Werdegang. Mit seiner nächsten Firma widmete er sich der Astrologie und erstellte eines der meist verkauften Programmpakete Astro Star im Europäischen Raum.

Danach hat er sich für 20 Jahre in den USA (Hawaii & Kalifornien) angesiedelt, und veröffentlichte über 35 Bücher für den Finanzmarkt. Durch die Finanzkrise in 2008 hat er tiefe Einblicke in das Finanzgeschehen erhalten, und seinen ersten Besteller 'Money Deception' geschrieben.

Es folgte ein Finanzlexikon Serie mit 16 Titeln, die über 1000 der wichtigsten Begriffe aus dem Finanzwesen ausführlich beschreiben. Sein zuletzt publiziertes Buch 'High Credit Score Secrets' zeigt die Strategien für das Erreichen einer optimalen Kreditwürdigkeit auf.

Seit 2016 ist er wieder in Freiburg in Breisgau und schreibt metaphysische Kurzgeschichten. „Einsteins wichtigste Erkenntnis" ist seine erste Kurzgeschichte aus der Welt der Metaphysik.

Thomas Herold ist nicht nur Autor, sondern auch begeisterter Tangotänzer. Er ist Mitglied im Citizen Circle, einer Community für ortsunabhängiges Arbeiten, kreative Selbstständigkeit und persönliche Weiterentwicklung.

Weitere Informationen zum Autor und seinen Büchern gibt es unter: thomasherold.com oder auf amazon.de.

„Wenn der Wind der Veränderung weht, bauen die einen Mauern und die anderen Windmühlen."

- Volksweisheit / Volksgut

G laubt man den Nachrichten, dann sieht es nicht sehr rosig für unsere Zukunft aus. Auf welchem Programm, oder in welcher Kolumne findet sich noch ein Lichtblick – ein Hoffnungsschimmer? Steht es wirklich so schlimm um uns, haben wir uns mittlerweile völlig der Angst, dem Schrecken, dem Verfall und dem Drama unterworfen?

Bereits vor der Corona-Pandemie hatten wir das Thema globale Erderwärmung und CO_2-Ausstoß zum gemeinsamen Feind erklärt. Jetzt gesellt sich – wie aus dem Nichts – auch noch ein weiterer globaler Feind dazu, welcher bei genauerer Betrachtung ein Mitspieler des ersten Feindes sein könnte.

Denn ohne unser eigenes Zutun hat der weltweite Konsum plötzlich einen Gang heruntergeschaltet.

Dieser Effekt war von vielen Umweltorganisationen und Aktivisten erwünscht. Allerdings wollten wir selber entscheiden, wie wir das Problem in den Griff bekommen können. Diese Entscheidung wurde uns aus den Händen genommen, und jetzt wehren wir uns massiv gegen einen globalen Feind, der eigentlich genau das macht, was wir alle schon lange für notwendig hielten.

Aber anstatt diese globale Situation als Chance zu sehen, kämpfen wir mit den gleichen eingefahrenen Gedankenstrukturen gegen einen Feind, dessen Ursache sich an einem Ort befindet, an dem wir vielleicht ganz zuletzt suchen werden.

Auf der gedanklichen Ebene entwickelte sich schon vor der Pandemie in aller Welt ein Überzeugungssystem aus Meinungen und Ansichten gegen den zunehmenden globalen Kapitalismus, und die daraus resultierenden Folgen.

Jede einzelne Idee hinterlässt ihre Wirkung in Zeit und Raum, auch wenn sie zu Beginn nicht direkt sichtbar ist. Ideen, Überzeugungen und Glaubenssysteme repräsentieren die geistige Metaebene und den Ursprung jeglicher Veränderung in der Realität. Je zahlreicher und je intensiver diese Überzeugungen mit Emotionalität geladen sind, desto kraftvoller ist ihre Fähigkeit diese Realität zu erschaffen. Aber so wie ein liebevoller Gedanke erschafft auch ein Gedanke der Angst seine eigene Realität.

Angst ist die dominante Quelle der Motivation in unserer Welt geworden. Unsere Angst bestimmt unser Tun, ein Problem haben wir damit aber noch nie gelöst. Solange wir mit dem gleichen Gedankengut die Welt betrachten, solange werden wir auch genau das Gleiche erschaffen.

Unsere globalen Probleme können deshalb nur auf einer anderen geistigen Metaebene gelöst werden.

Wachstum um jeden Preis

Die letzten fünfzig Jahre haben wir damit verbracht, nur in eine einzige Richtung zu denken und zu handeln: mehr Wirtschaftswachstum! Das schien auch für eine Weile gut zu funktionieren.

Allerdings haben uns schon in den frühen Achtzigerjahren Vordenker wie z. B. Fritjof Capra[1] oder der Club of Rom[2] davor gewarnt, dass wir dieses Konzept des Kapitalismus nicht endlos weiterführen können. Wirtschaftswachstum hat eindeutige Folgen: weniger Naturfläche, mehr Abfall, höhere Luftverschmutzung, mehr Verkehr, mehr Stress.

Am Ende dieser Idee steht der komplette Kollaps unseres intelligenten und lebensspendenden Ökosystems.

Die gesamte Welt, und allen voran die Industrienationen, sind der Idee des endlosen Wachstums verfallen, ohne über die Folgen, und vor allem über das Endziel nachzudenken. Wachstum um jeden Preis ist immer noch das dominante Denkmodell. Seit geraumer Zeit sind wir allerdings immer mehr damit beschäftigt das Flickwerk der Auswirkungen in den Griff zu bekommen, anstatt die Sackgasse zu erkennen, umzudenken, und einen neuen Weg zu beschreiten.

Ein Feind, der so klein ist, dass Sie ihn noch nicht einmal sehen können, bringt unsere weltweite Konsummaschine ins Stottern, und zeigt uns dabei die Ursachen und die Grenzen des Wachstums auf.

Würde ein Virus, der nur alle Kaffeepflanzen dieser Welt befällt, eine ähnliche Wirkung haben? Zu weit hergeholt? Kaffee ist die größte Motivationsdroge der Industriegesellschaft. Kaffee ist das am zweithäufigsten[3] konsumierte Getränk in der Welt – nach Wasser, mit 2,6 Milliarden getrunkenen Tassen täglich. Die Kaffeeproduktion betrug im Jahr 2015 8,6 Millionen Tonnen. Kaffee ist nach Öl der am zweithäufigsten gehandelte Rohstoff der Welt.

Haben Sie sich schon einmal gefragt wie viel Kontrolle wir wirklich über das Leben haben? Ist es nicht offensichtlich, dass hier eine höhere Intelligenz am Werk ist? Diese Sichtweise mag befremdend wirken, da wir fast ausschließlich damit beschäftigt sind, die Situation zu bekämpfen, um möglichst schnell wieder in den gewohnten Normalzustand zurückzukehren.

Wir verkennen die Chance zum Handeln. Schwachstellen unseres Systems, welche schon seit geraumer Zeit nach Lösungen riefen, treten jetzt für jeden offen sichtlich an die Oberfläche.

> *„Die Corona-Krise ist nur das Symptom einer viel tieferen zivilisatorischen Krise, deren Aspekte im letzten Jahr deutlicher denn je sichtbar wurden: Finanzkrise, wachsende soziale Ungleichheit, systemischer Rassismus und die Zuspitzung der ökologischen Krise sind nicht getrennte, sondern zusammenhängende Phänomene."* – Dieter Duhm

Wir haben jetzt eine einmalige Gelegenheit diese Krise nicht weiter als bisher zu bekämpfen, sondern sie als Chance zu nutzen, um neue Konzepte und Betrachtungsweisen zu realisieren und umzusetzen. Die hier beschriebenen sieben Sichtweisen sind nicht als kurzfristige Lösungen zu sehen, sondern als ein Fundament für eine langfristig lebenswerte Zukunft. Zugegeben sind sie auch nicht neu, sondern metaphysische Grundgesetze des Lebens, die wir schlichtweg ignoriert oder vergessen haben.

Einige dieser Anregungen brauchen Generationen um verwirklicht zu werden, da sie ein fundamentales Umdenken auf der spirituellen Ebene voraussetzen. Es ist ein kollektiver Prozess, der jeden einzelnen betrifft.

Es stellt sich dabei nicht die Frage, ob dieser Umdenkprozess passiert, sondern wie lange wir zum Umdenken brauchen.

1. Vom Ich zum Wir

Die Geschichte zeigt, dass wir immer wieder durch neue Zyklen[4] und Phasen der Veränderung gehen. Wir erleben neue Epochen, die von einem neuen Zeitgeist durchzogen sind. Wir erleben das Kommen und Gehen von Kulturen, welche entweder eine vorwiegend spirituelle oder materielle Ausrichtung haben.

Wir sind eingebettet in Zyklen und Kreisläufe, die einen immerwährenden Wandel des Zeitgeists hervorbringen. Es sind nicht nur die uns bekannten Zyklen des Mondes und der Sonne, die zusammen unseren Jahresrhythmus beschreiben, sondern auch unzählige weitere Kreisläufe innerhalb und außerhalb unseres Sonnensystems, welche die Zeitqualität bestimmen oder aufzeigen.

- Täglich: Mitternacht ist der Beginn eines neuen Tages
- Monatlich: Der Neumond ist der Beginn eines neuen Mondmonats
- Jährlich: Die Wintersonnenwende ist der Beginn eines neuen Solarjahres.
- Platonisches Jahr: Die Galaktische Konjunktion beschreibt einen Rhythmus von 25.920 Jahren

Ein platonisches Weltenjahr[5] beschreibt die Zeit, die die Sonne als Folge der Präzessionsbewegung der Erdachse braucht, um rückläufig durch alle zwölf Zeichen des Tierkreises wieder zu ihrem Ausgangspunkt zurückzugelangen.

Alle 2160 Jahre ergeben sich dadurch neue Kulturepochen und Weltentwicklungsstufen. Das ist auch der Grund, warum wir uns jetzt in einem Wandel vom Fische-Zeitalter in das Wassermann-Zeitalter befinden. Die Zeitqualität bekommt also eine völlig neue Ausrichtung.

Darüber hinaus dreht sich die Milchstraße[6] alle 200 Millionen Jahre einmal im Kreis. Schätzungsweise 300 Milliarden Sterne leuchten in der Milchstraße, und unser Sonnensystem ist nur ein winziger Teil davon!

Diese unterschiedlichen Zyklen, die sich durch Zeit und Qualität unterscheiden, erschaffen stetig neue Kombinationen, welche dem Leben neue Ausdrucksmöglichkeiten ermöglichen.

Unsere Gedanken, unsere Gefühle und unser Tun sind in diese Lebenszyklen eingebettet, und daher niemals nur von uns selbst abhängig. Unsere Wahrnehmung kann immer nur subjektiver Natur sein, und daraus folgt, dass es keine allgemeingültige Wahrheit in der von uns erlebten Realität geben kann.

Jede Zivilisation definiert sich infolgedessen durch ein zentrales Glaubenssystem[7], ein Paradigma welches die grundlegenden Ideen dieser Kultur beinhalten. Unser gegenwärtiges Weltbild, welches bereits seit geraumer Zeit an der Kippe einer radikalen Neudefinition steht, ist geprägt durch ein wissenschaftliches, materielles Modell, das sich durch Aussagen wie diese definiert:

- Wir haben uns durch zufällige Mutationen entwickelt
- Wir sind willkürliche Touristen auf diesem Planeten
- Wir leben in einem ständigen Kampf ums Überleben

Unser Handeln ist bestimmt durch diese geistigen Gedankenkonzepte, Überzeugungen, Ansichten und Wertvorstellungen. Dieses Gedankengut zieht sich durch alle Ebenen unserer Realität. Unser Wirtschaftssystem, das daran gebundene Finanzwesen, unser Gesundheitssystem, Lehr- und Bildungssystem, Umweltbewusstsein, um nur einige zu nennen.

Mittlerweile dominiert ein globales Weltwirtschafts- und Finanzsystem unsere Welt.

Der Verkauf eines neuen Samsung Galaxy oder eines neuen Apple iPhones wird in über 80 Ländern gleichzeitig gestartet. Dieses globale Wirtschaftsnetzwerk ist abhängig von immer mehr Ressourcen, welche immer mehr Lebensraum für den Menschen verschlingen. Zudem gefährden die Industrieabfälle auf der ganzen Welt die Grundlagen unseres Lebens.

Wir befinden uns alle im gleichen Boot – an Bord der Titanic. Wir wissen, dass wir uns auf Kurs des Eisbergs befinden. Einige von uns stehen an der Reling und sehen den Eisberg bereits bedrohlich näher kommen, aber die meisten befinden sich unter Deck und sind durch die immense Auswahl an Unterhaltung abgelenkt vom wahren Geschehen an Deck. Zudem wissen (glauben) alle, dass die Titanic unsinkbar ist!

Der bereits zweite große Nuklearunfall von Fukushima veranschaulicht die Konsequenzen einer Welt, die in Wirklichkeit keine Grenzen hat. Radioaktivität und verseuchtes Wasser bleiben nicht innerhalb der Abgrenzungen eines Landes. Wasser, Luft und Boden lassen sich theoretisch nur durch immensen Aufwand in Gebiete und Zonen aufteilen, sie bleiben im Grunde immer eins.

Es ist vergeudete Energie dort Grenzen zu erzeugen, wo es in Wirklichkeit keine gibt. Auch jede nahezu perfekte Illusion, die wir erschaffen, wird irgendwann sichtbar oder enttarnt sich von selbst.

Es ist ein aussichtsloser Kampf gegen unsere eigene Natur, den wir eines Tages begreifen werden.

Haben wir das Konzept
Individualismus missverstanden?

E s scheint, als ob wir unser Verständnis von Individualität gänzlich missverstanden haben. Anstatt dass jeder einzelne seinen individuellen Beitrag für eine fast perfekte und wunderschöne Welt leistet, benutzen wir unsere Individualität, um uns immer mehr von uns selbst, von anderen, und von der Natur abzugrenzen.

Diese künstlich erschaffene Abgrenzung ist vergleichbar mit dem Verhalten einer Krebszelle. Eine Krebszelle verweigert das Miteinander und vergisst ihre individuelle Aufgabe als Teil des Ganzen. Sie fällt in ein früheres Konzept des Daseins als Einzeller zurück. Sie macht jetzt wieder ihr ‚eigenes Ding‘, und sucht nach anderen Zellen, um ihr Überleben zu garantieren. Diese Form der Abgrenzung führt langfristig unweigerlich zum Tod.

Dieser falsch verstandene Individualismus hat uns zu Einzelkämpfern gemacht. Wir rangeln und raufen gegeneinander, um die besten Designer Sneakers zu tragen, den neuen Flachbildschirm ins Zentrum unseres Wohnzimmers zu platzieren, und das neueste Smartphone beim Discounter zu ergattern.

Wozu? Als Ausdruck unserer Individualität, unserer unbegrenzten Möglichkeiten?

Die Freude an den coolen Sneakers ist spätestens nach drei Monaten vergessen, der Flachbildschirm bringt trotz brillanter 4K Auflösung auch keine besseren Programme, und auf dem Smartphone haben wir jetzt neben WhatsApp noch Telegram und Signal, um uns minimalistische Wortphrasen und winzige Videoclips zuzusenden.

Wenn dieses Verhalten aber die Normalität aufzeigt, worin liegt dann unser Individualismus begründet?

Individualität ist im Wörterbuch definiert als die Summe der Eigenschaften und Merkmale, die die Besonderheit eines Menschen ausmachen – die Persönlichkeit in ihrer Unverwechselbarkeit. Der erste Teil dieser Definition geht in die richtige Richtung, allerdings ist ein Individuum viel mehr als nur seine Persönlichkeit, denn die Persönlichkeit kann mitunter nur eine Maske sein, hinter der sich ein ganz anderer Mensch versteckt.

Entgegen der Annahme, dass wir wie ein unbeschriebenes Blatt Papier in die Welt kommen, hat jeder von uns bereits von Geburt an einen geistigen Fahrplan – eine Art Blaupause – für diese Welt, in dem sich alle Informationen befinden, um diesen Plan bestmöglich umzusetzen.

Der Begriff Individualismus hingegen ist definiert als eine Anschauung, die dem Individuum und seinen Bedürfnissen den Vorrang vor der Gemeinschaft einräumt.

Eine auf die Entfaltung der eigenen Persönlichkeit ausgerichtete Haltung, die dem Gefühl der Zugehörigkeit zu einer Gemeinschaft wenig Raum lässt.

Stellen Sie sich vor, Sie sind ein Kind und Sie lesen diese Definitionen das erste Mal. Welches Verständnis und welche Schlüsse würden Sie daraus ziehen? Ich bin in Ordnung so wie ich bin, aber es hindert mich daran, einer Gemeinschaft zuzugehören. So ist es dann auch tatsächlich, denn unsere Gemeinschaft – vor allem die Arbeitswelt – fördert nur selten unsere Individualität, und damit den Ausdruck und den Reichtum[8] unserer individuellen Gaben und Fähigkeiten.

Das Hauptaugenmerk liegt auf dem, was wir gelernt haben und was wir können, und nicht wer wir sind. Wer wir sind, ist nicht selten etwas ganz anderes als das, was wir gelernt haben und was wir können. Meine Motivation, Inspiration[9] und Passion können nicht den Beitrag in der Welt leisten, für den sie bestimmt sind, wenn ich einer Tätigkeit nachgehe, die nicht meinen angelegten Plan zum Ausdruck bringt.

Individualität beschreibt eigentlich Einzigartigkeit. Aber gerade, weil jeder Mensch einzigartig ist, unterscheidet er sich nicht von allen anderen! Ein Großteil unseres Daseins verbringen wir damit, anderen zu beweisen wie einzigartig wir sind, was doch nur aufzeigt, dass wir in Wahrheit genau das Gegenteil glauben. Nämlich, dass wir uns mit einem übernommenen Gedankengut identifizieren, das mit uns selbst nichts zu tun hat.

Das sind Überzeugungen, Ansichten und Glaubenskonzepte, die wir von unseren Eltern, unserem Schulsystem, den Wissenschaftlern, Politikern und vor allem von den Nachrichten übernommen haben. Man kann dieses Phänomen auch als Massen-Hypnose bezeichnen. Es ist eine Sichtweise und Ausrichtung unseres Lebens, die eine nahezu unbegrenzte Auswahl von ‚Unterhaltung' bietet, und uns die Sicht auf die dahinterliegende Wirklichkeit versperrt.

Kommunikation und Kooperation

Alle biologischen Funktionen, und damit das Leben selbst, haben in ihrem Kern die Kommunikation und die Kooperation als feste Bestandteile des intrinsischen Lebensprinzips. Die innerliche, meist unbewusste Trennung, und das daraus resultierende mangelnde Selbstwertgefühl, manifestieren sich immer in Form von angstorientiertem Verhalten.

Diese, meist irrationale Angst, erzeugt immer mehr Abtrennung, Grenzen und Isolation, und es entwickelt sich daraus eine immer tiefer greifende Spirale der Komplexität, aber auch der Destruktivität.

Uns sind diese Auswirkungen bereits bewusst, aber die Lösungsversuche bewegen sich immer noch auf der gleichen gedanklichen Ebene wie das Problem selbst, und können deswegen nicht funktionieren.

Aus diesem Grund gibt es immer mehr Regeln, höhere Strafen, immer mehr Hilfsprogramme, neue Subventionen und einen mittlerweile utopischen Schuldenberg.

Jeder schiebt dem anderen die Schuld zu und projiziert damit seine eigene Verantwortung in die Welt. Glaubt dann die Schuld losgeworden zu sein, um damit letztendlich zu vermeiden, den wahren Grund der Problematik bei sich selbst zu finden.

Ein sehr effektives Mittel um im Leben in einer Art Trance oder Traumzustand zu verweilen.

Da wir – mit wenigen Ausnahmen – nicht wissen, wer wir wirklich sind, klammern wir uns an Überzeugungen und Objekte um uns dadurch zu definieren. Daraus entstehen letztendlich eine endlose Anzahl von Ansichten und Wertvorstellungen, die alle kontrovers und zudem noch illusionär sind.

Wir verteidigen diese Vorstellungen täglich, denn ohne sie würden wir in ein abgrundtiefes Loch des Nichtwissens fallen, aus dem entweder die Erkenntnis erwacht wer wir sind – wenn wir es zulassen -, oder eine hoffnungslose Depression – wenn wir uns dagegen wehren.

Worauf ist Ihre Aufmerksamkeit gerichtet?

Wer wir wirklich sind, lässt sich anhand der Analogie eines Filmprojektors verständlich beschreiben. Das Licht ist die universelle Lebenskraft, und die Filmrolle ist Ihr individueller geistiger Plan im Leben, den Sie sich auf einer höheren geistigen Ebene selbst ausgesucht haben.

Aus dem Licht und dem Filmmaterial entsteht auf der Leinwand ein Bild – das, was wir in unserem Leben als Realität definieren. Ihre Aufmerksamkeit ist jenseits von Raum und Zeit und kann daher auf den Projektor gerichtet sein, auf die Leinwand, auf die Person, die sich den Film ansieht, oder auf alles zusammen!

Auf der höchsten Ebene Ihres Bewusstseins haben Sie die Wahl, wohin Sie Ihre Aufmerksamkeit richten wollen.

Wenn Sie Ihre Aufmerksamkeit auf den Zuschauer richten – was wir meistens tun – dann entfaltet sich das Drama des Films direkt vor Ihren Augen. Durch die Wahrnehmung Ihrer Sinne löst jede Szene des Films unterschiedliche Gedanken und Emotionen aus – so lange bis der Film zu Ende ist. Abgesehen vom Drama auf der Leinwand, würden Sie sich sicherlich über einen schwarzen Fleck auf der Leinwand ärgern. Wir kommen noch darauf zu sprechen, welche Erkenntnis der schwarze Fleck beinhaltet.

Auf das Leben übertragen bedeutet dies, dass Sie einer Realität ausgeliefert sind, die Sie selbst bestimmt haben, sich daran allerdings nicht mehr erinnern können. Die Leinwand ist nur eine Projektion Ihres geistigen Fahrplans.

Solange wir glauben, dass die Projektion die unumstößliche Realität unserer Welt ist, solange sind wir Opfer unserer eigenen erzeugten Umstände. Wir sind passive Zuschauer und versuchen verzweifelt die Realität, die wir für die Wirklichkeit halten, auf der Leinwand zu ändern!

Dieses Unterfangen zeigt sich in unserem Vorgehen, einen schwarzen Fleck auf der Leinwand mit allen erdenklichen Mitteln zu entfernen! Das gelingt natürlich nicht, weil wir die geistige mit der materiellen Ebene verwechselt haben.

Durch den Fokus unserer Aufmerksamkeit auf die Leinwand anstatt auf die Quelle des Projektors – unseren geistigen Fahrplan – sind wir unfähig den schwarzen Fleck auf dem Projektor zu beseitigen. Der Fleck soll in dieser Analogie ein Problem veranschaulichen, das wir in der Welt lösen wollen.

Können Sie sich vorstellen, was mit unserer Realität passieren würde, wenn wir uns in jedem Moment gewahr wären, dass wir jeden Film selber eingelegt haben, und ihn deshalb auch zu jeder Zeit wechseln können?

Können Sie sich vorstellen, wie einfach wir Probleme lösen könnten, indem wir uns bewusst sind, dass jeder Fleck auf dem Projekttorschirm mit einem neuen Gedankengang, mit einem Umdenken beseitigt werden kann?

Wenn Sie im Leben weiterkommen möchten, dann überprüfen Sie Ihre Motivation während der nächsten zwei Wochen. Mit jedem Gedankengang oder bei jeglicher Tätigkeit halten Sie einen Augenblick inne, und fragen Sie sich, wo Ihre Aufmerksamkeit und damit auch Ihre Motivation begründet liegt.

Alle Ideen, Konzepte und Veränderungen, die nicht durch ein Umdenken stattfinden, werden keinerlei Wirkung zeigen. Das war seit jeher der Fall und es wird sich auch in Zukunft nicht ändern, da es die metaphysische Grundlage unserer Existenz darstellt.

Alle sieben hier erläuterten Sichtweisen für eine lebenswerte Zukunft basieren auf diesem metaphysischen Grundsatz, und sind nur durch ein Umdenken und nicht durch noch mehr Nachdenken möglich.

Können Sie sich an einen Moment in Ihrem Leben erinnern, als Sie ohne jegliche Konzepte waren, und nur den Zustand des Eins-seins kannten? Alles, was Sie wissen und glauben sind übernommene Konzepte von anderen.

2. Vom Haben zum Sein

Die Idee, dass wir etwas besitzen können ist ein von uns Menschen erschaffenes Konzept wie jedes andere auch. Das Konzept Besitz ist einer der Stützpfeiler unseres Kapitalismus und dient der Abgrenzung – es errichtet eine Trennung, wo vorher keine war. Um ein geistiges Gedankengebäude wie z.B. ein Patent, oder ein physikalisches Objekt wie z.B. ein Haus zu besitzen, muss man ihm zuallererst einen Wert beimessen.

Durch den Vorgang des Besitzens entsteht eine Identifikation mit dem Objekt oder dem geistigen Gedankengut. Es wird dadurch zu einem Teil unserer Selbstdefinition und unserer Vorstellung davon wer wir sind. Dieser Vorgang der Identifikation hat weitere Implikationen zur Folge.

Wir teilen unseren Besitz nur mit Widerwillen, wir halten an ihm so lange fest, bis er entweder wertlos wird, oder bis wir den Besitz gegen etwas anderes eintauschen. Jemand, der hart daran arbeitet ein Auto zu besitzen, gibt es nicht einfach einem anderen, da er sonst sofort den Sinn seiner harten Arbeit infrage stellen würde. Warum sollte ein anderer etwas umsonst bekommen, wofür ich hart schuften musste? Erkennen Sie die Überzeugungsfalle?

Fast ausnahmslos funktioniert dieser Vorgang heutzutage über das System Geld[10].

Zudem verteidigen wir unseren Besitz gegenüber anderen – halten also mit allen erdenklichen Mitteln die Trennung aufrecht. Die Verteidigungsstrategien sind vielfältig, oft von manipulativer Natur gegenüber anderen, und führen in letzter Instanz nicht nur zum Unheil eines einzelnen, sondern bis zum Krieg mit anderen Ländern. Unsägliches Leid entsteht, wertvolle Ressourcen gehen verloren, und unzählige Leben werden vergeudet.

Die Kombination aus Besitz und Geldsystem legt das Fundament für unseren heutigen Kapitalismus. Im Laufe der Entwicklung des Kapitalismus werden immer größere Teile der Wertschöpfung auf rein renditeorientiert arbeitende Unternehmen konzentriert. Diese werden durch Übernahmen, Fusionen oder auch durch das Konkurrieren von Wettbewerbern immer größer und mächtiger.

Es entstehen Mega-Konzerne, welche die gesamte Marktwirtschaft unter Kontrolle haben. Die soziale Ungleichheit, und die Schere zwischen denen, die Kapital anhäufen und denen, die nichts haben, wird dadurch immer größer. Sie liegt im System begründet.

Befinden wir uns in der Endphase des Kapitalismus?

D er Kapitalismus ist ein Wirtschaftssystem, das auf Profit ausgerichtet ist, nicht auf menschliche Bedürfnisse – das Wort Kapital meint Geld, Unternehmen und Produktionsstätten. Das Ende einer kapitalistischen Gesellschaftsordnung zeigt sich durch eine massive Diskrepanz an Besitzverteilung.

Weniger als fünf Prozent der Bevölkerung besitzen 95 Prozent aller weltweit verfügbaren Ressourcen. Das Ende des Kapitalismus zeigt sich langfristig auch bei den Menschen als Depression, narzisstischem Verhalten und sozialem Abstieg. Die Mehrzahl der Bürger sind am Ende die Verlierer des Systems. Doch solange die breite Masse nicht endgültig genug vom Kapitalismus hat, wird uns diese Gesellschaftsordnung noch eine Weile begleiten.

Wie jedes andere Konzept auch, erzeugt der Kapitalismus seine eigene Realität:

- Die Überzeugung ‚Arbeit gegen Geld‘ bestimmt einen Großteil unseres Lebens
- Wir identifizieren uns immer mehr durch unsere Arbeit und was wir können
- Arbeit und Freizeit sind streng getrennt voneinander
- Es gibt immer mehr Möglichkeiten, aber immer weniger Zeit
- Zunehmender Wettbewerb fördert Egoismus und Narzissmus

- Die Idee der Selbstoptimierung entsteht und führt zu immer mehr Anpassung
- Geld wird zum ultimativen Bewertungsmaßstab für alle Dinge im Leben
- Ein zunehmendes Machtgefälle und Hierarchien bestimmen unseren Alltag
- Die Angst vor dem sozialen Abstieg führt zu immer mehr Kampf und Elend

Der Kapitalismus hat zwar kurzfristig für einen großen Teil der Menschheit einen Wohlstand erschaffen, aber bei genauerer Betrachtung beruht dieser Wohlstand meist nur auf materieller Basis. Zudem wird dieser kurzfristige illusorische Wohlstand dadurch erzeugt, dass man andere Menschen und Länder Ihrer Bodenschätze beraubt und dabei noch dazu die Umwelt zerstört.

Wir befinden uns derzeit im Endspiel des globalen Kapitalismus. Die Umschichtung von Vermögen von der Mittelklasse zu den Mega-Reichen nimmt immer schneller zu. Das Zinssystem unterstützt diesen Vorgang, da der Zins von der Mittelklasse entrichtet wird, und die Reichen vom Zins profitieren. Meiner Schätzung nach arbeiten 95 Prozent aller Menschen nur, um das System aufrechtzuerhalten.

Einen völlig neuen Ansatz der Wirtschaftsideologie hat Jacque Fresco[11], ein amerikanischer Futurist und Sozialingenieur, der bis 2017 in Florida lebte.

Sein von ihm gegründetes Venus Projekt demonstriert auf beeindruckendste Weise, wie durch ein neues ganzheitliches Denkmodell intelligent und wertschätzend mit Ressourcen umgegangen werden kann. Der daraus resultierende Wohlstand ist nicht nur von materieller Natur, sondern schließt auch andere lebenswichtige Bereiche ein:

- Sozialen Wohlstand
- Kulturellen Wohlstand
- Natürlichen Wohlstand
- Produzierten Wohlstand
- Spirituellen Wohlstand

Fresco's Ansatz stellt die weltweiten Ressourcen – ohne individuellen Besitz – in den Mittelpunkt der Weltwirtschaft. Er beschreibt ein ganzheitliches sozioökonomisches System, in dem alle Güter und Dienstleistungen ohne den Gebrauch von Geld, Krediten, Tauschhandel oder irgendeinem anderen System von Schulden oder Unfreiheit verfügbar sind. Alle Ressourcen werden zum gemeinsamen Erbe aller Bewohner, nicht nur einiger weniger. Technologie arbeitet in diesem Modell für die Menschen und nicht für das Geldsystem.

In einer auf Ressourcen basierenden Wirtschaft werden alle Rohstoffe der Welt als gemeinsames Erbe aller Menschen angesehen, wodurch die Notwendigkeit künstlicher Grenzen, welche die Menschen voneinander trennen, letztendlich überflüssig wird.

Diese neue Sichtweise ermächtigt jede Person ihr volles Potenzial zu entfalten, und nicht länger nur Bestandteil eines profitdenkenden Konzerns zu sein. Das Maß des Erfolges würde auf der Erfüllung des eigenen Strebens basieren, und nicht auf dem Erwerb von Reichtum, Eigentum und Macht.

Die in den letzten Jahrzehnten entstandenen Open-Source Modelle zeigen bereits wie erfolgreich dieser neue Ansatz funktioniert, und er lässt sich trotz entgegenwirkendem Kapitalismus nicht aufhalten. Im Gegenteil, für junge Menschen ist es wieder ein Lichtblick ohne Konkurrenzdenken und Firmenzugehörigkeit an einem Projekt zu arbeiten, das ohne den Anspruch auf Eigentum und Kosten dem Nutzen aller Menschen dient. WordPress, eine kostenfreie Plattform, mit der sich Webseiten erstellen lassen, ist geradezu ein Paradebeispiel hierfür.

Kann eine ‚Shared Economy' – den Kapitalismus ablösen?

Auch die ‚Shared Economy' ist ein Trend in eine neue Richtung, welche vom Prinzip des Eigentums weggeht, und ein untereinander Teilen besser ermöglicht. Leider steht auch hier der Profit des dahinterstehenden Unternehmens immer noch im Vordergrund.

Vergessen wir dabei nicht, dass diese neuen Mietmodelle auch deshalb ins Leben gerufen wurden, weil sich viele Menschen kein Eigentum mehr leisten können. Würde ich ein Zimmer meiner Wohnung auch dann bei Airbnb anbieten, wenn ich ausreichend Geld hätte und mit meinem Leben zufrieden wäre?

Über 46 Prozent[12] der Deutschen leben in Wohneigentum, und die Quote wäre sicherlich noch höher, wenn es sich noch mehr leisten könnten. In einem der teuersten und komplexesten Sozialsysteme der Welt fehlt den Menschen scheinbar das Vertrauen[13], dass sie im Alter eine angemessene Wohnung und Versorgung haben. Schaut man sich das zunehmende Gefälle zwischen einer Rente und den Kosten für Wohnung, Lebensmittel sowie alltäglichen Produkten und Dienstleistungen an, dann bestätigt sich dieser Vertrauenskonflikt.

Die Idee der Shared Economy denkt zwar schon einen Schritt weiter, aber das weltweite Finanzsystem hindert noch den Durchbruch zum wirklich kostenfreien Nutzen. Was ist wichtiger: Eigentum oder Zugang zum Benutzen? Welchen Stellenwert hätte der Besitz eines Autos noch, wenn der kostenlose Zugang zu einem Auto jederzeit und überall möglich wäre? Die Idee des Eigentums wird sich in der Zukunft nicht in Luft auflösen, sondern schlicht an Bedeutung verlieren.

Wie ein Mensch leben möchte, und was ein Mensch zum Leben braucht lässt sich mit keiner Ideologie und mit keinerlei Regeln bestimmen. Deswegen funktioniert der Kommunismus nicht, und deshalb wird auch der Kapitalismus sein Ende finden. Jegliche Gleichstellung sowie die Illusion der Freiheit durch Besitz sind von Anfang an zum Scheitern verurteilt. Die alte DDR und der Westen sind geradezu ein Paradebeispiel hierfür.

Solange unser Denken durch das Konzept von Trennung beherrscht wird, und solange wir glauben, die Probleme haben ihren Ursprung in der Welt, so lange sind wir in der Illusion verloren. Wir benutzen magisches Denken, um unsere erschaffene Illusion aufrechtzuerhalten, aber auch der spektakulärste Zaubertrick entpuppt sich irgendwann. In diesem Moment sind wir erst einmal ‚ent-täuscht‘, allerdings auf dem Weg in die Heilung – die Sichtweise, dass es in Wirklichkeit keine Trennung gibt.

Alles ist mit dem gleichen Geist verbunden, zeigt sich aber durch den Zaubertrick der Magie als getrennt.

Sicherlich kann ein neues System nicht innerhalb weniger Jahre etabliert werden. Es braucht dazu einen Generationswechsel, der zuerst im Denken stattfindet. Es ist ein langfristiger Plan, der uns endlich wieder eine globale Vision und eine Motivation fürs Leben gibt, in dem jeder Mensch einbezogen ist. Ohne eine Vision bleiben wir in der Angstfalle stecken und reiten uns immer tiefer in die Abgründe unserer festgefahrenen negativen Denkspiralen.

3. Von der Einbildung zur Ausbildung

Die industrielle Revolution begann Ende des 18. Jahrhunderts in England und setzte sich in der zweiten Hälfte des 19. Jahrhunderts in ganz Europa fort. Es war der Übergang von der Agrar- zur Industriegesellschaft.

Die nun folgende dritte Epoche einer neuen Wirtschafts- und Gesellschaftsform ist das Informationszeitalter, auch als Computerzeitalter oder Digitalzeitalter bezeichnet. Dieser Wandel begann mit den technischen Innovationen der 1970er- und 1980er-Jahre, als einfache integrierte Schaltkreise und später Mikroprozessoren die Abläufe vom Maschinen drastisch beschleunigten.

Der von Apple entwickelte M1 Prozessor, welcher 2021 zum ersten Mal das Licht der Welt erblickte, enthält bereits 16 Milliarden Schaltkreise, die so dicht zusammenpackt sind, dass sie auf weniger Fläche unterkommen als die Größe Ihres Fingernagels.

Er basiert auf einer Technologie, auf der die einzelnen Schaltkreise nur noch fünf Nanometer voneinander entfernt sind.

Zum Vergleich[14]: Ein Nanometer verhält sich zu einem Meter wie der Durchmesser einer 1-Cent-Münze zu dem des Erdballs. Ein Haar ist etwa um den Faktor 2000 breiter, eine Zelle etwa um den Faktor 200, es entspricht der Größe eines Hämoglobins (rotes Blutkörperchen).

Die Entwicklung verläuft fast exponentiell, da neue Mikrochips wiederum von anderen Mikrochips entwickelt werden, und noch dazu immer weniger Strom verbrauchen. Die Rechenleistung von Computern wird heutzutage in Teraflops[15] berechnet, wobei ein Teraflop einer Billion Berechnungen pro Sekunde entspricht.

Apples M1 Prozessor wird mit 2,6 Teraflops angegeben und verbraucht etwa 20 Watt. Zum Vergleich: Der Cray C90[16] war 1991 einer der schnellsten Supercomputer auf der Welt, benötigte noch 500 Kilowatt an Leistung, und hatte nur ein Hundertstel der Rechenleistung.

Hätte sich der Mensch und seine Intelligenz im gleichen Maße entwickelt, befänden wir uns heute in einer Typ 3 Zivilisation[17]. Wir könnten bereits die gesamte weltweit benötigte Energie vollständig aus der passiven Energie der Sonne gewinnen. Es gäbe keine Grenzen mehr zwischen armen und reichen Menschen oder zwischen Ländern.

Ein globaler ganzheitlicher Wohlstand würde es uns ermöglichen nahe Galaxien und Sternensysteme mit Stargate-Technologie in Bruchteilen von Sekunden zu erreichen, und dort neue Kolonien zu gründen.

Im M1 Prozessor arbeiten etwa doppelt so viele Schaltkreise wie es Erdenbewohner gibt. Alle dieser 16 Milliarden Schaltkreise arbeiten zusammen, um ein intelligentes System zu bilden. Nur eine Handvoll nicht funktionierender Schaltkreise würde die gesamte Funktionsweise des Prozessors gefährden.

Dass wir zusammen mit nun fast acht Milliarden Menschen – trotz massivem Gegeneinander – noch existieren, grenzt an ein Wunder. Man könnte den Eindruck gewinnen, dass hier noch eine übergeordnete Intelligenz ihre Finger im Spiel hat. Nein, nicht irgendwelche grünen Außerirdischen, sondern das Leben selbst, das trotz allem Unfug, den wir betreiben, immer noch ein Ziel verfolgt, das wir trotz aller fortschrittlicher Technik und Innovation nicht verstehen.

Unser gegenwärtiges Bildungssystem basiert weiterhin auf dem Schema der industriellen Revolution, welches Fließbandarbeiter, Lehrer, Doktoren, Wissenschaftler und Professoren produziert, die wiederum genau das später weiter vermitteln und lehren. Ein endloses, in sich geschlossenes System, das unser Bewusstsein auf dem Stand einer Amöbe[18] (Einzeller) hält.

Der Vergleich mit einer Amöbe ist deshalb interessant, weil wir ein ähnliches Verhalten bei einer Krebszelle sehen. Die internationale Vertretung von Forschung an Krebs (IARC)[19] schätzt die Zahl der Krebstoten weltweit für das Jahr 2020 auf rund zehn Millionen. Die Zahl der Krebsneuerkrankungen belief sich im selben Jahr auf rund 19,3 Millionen – Tendenz steigend. Eine Zahl, an die wir uns schon längst gewöhnt haben.

Ein Rückfall des Bewusstseins?

Eine Krebszelle war einmal eine Zelle, die im Organismus eine ganz bestimmte Aufgabe erfüllte, und plötzlich aus dem Gefüge einer Zusammenarbeit ausbricht. Salopp ausgedrückt macht sie jetzt ihr eigenes Ding!

Eine Krebszelle verweigert ihre Aufgabe, dem ganzen Organismus zu dienen, und bevorzugt stattdessen den Weg des Einzellers. Ähnlich einem Rückfall des Bewusstseins in ein früheres Programm. Eine Krebszelle kann aber nicht alleine überleben, und befällt deswegen gesunde Zellen um am Leben zu bleiben.

Die ursprüngliche Idee hinter technologischer Innovation und Automatisation war die Befreiung von jeglicher unmenschlicher Arbeit und sollte uns einen globalen Wohlstand bringen.

Wenn wir nicht länger ums Überleben kämpfen müssen, wenn wir wirklich frei sind, das zu tun, was wir uns von Herzen wünschen, dann werden wir uns nicht länger an einem Spiel beteiligen, bei dem alle letztendlich verlieren.

Aber der Kapitalismus und das weltweite Finanzsystem arbeiten gegen diese Befreiung.

Wenn wir unserer wahren Leidenschaft Ausdruck verleihen, wenn wir nicht mehr durch Angst und Versagen blockiert sind, dann werden wir ganz von selbst am Allgemeinwohl interessiert sein.

Dann werden alle Intentionen und Aktionen, die in irgendeiner Weise gegeneinander gerichtet sind, ganz natürlich verschwinden. Jegliche Überzeugungen, die einer Trennung statt einem Miteinander entsprechen, sind nur durch enormen Kraftaufwand am Leben zu erhalten. Nimmt man den eigenen Widerstand gegen das Leben weg, so verpufft auch jeglicher Gedanke und jedes Bemühen, das Gegeneinander in der Welt aufrechtzuerhalten.

Wussten Sie, dass die Wurzel des Wortes Bildung (im englischen Education) bedeutet, das herauszubringen, was im Inneren liegt? Unsere Vorstellung des Wortes scheint eine völlig andere zu sein, da wir offensichtlich davon ausgehen, dass sich im Inneren rein gar nichts befindet. Unsere Grundannahme ist, dass wir keinerlei geistige oder seelische Struktur mit unserer Geburt ins Leben bringen.

Das ist natürlich absurd, denn wir wissen nicht erst seit gestern, dass jeder Mensch ein einzigartiges Potenzial besitzt.

Waldorfschulen, die auf der anthroposophischen Menschenkunde Rudolf Steiners basieren, gehen bereits seit ihrer Gründung im Jahr 1919 einen völlig anderen Weg als unser reguläres, veraltetes Schulsystem.

Die Lehrmethode der Anthroposophie

In den 1924 veröffentlichten Leitsätzen formuliert Rudolf Steiner in Kurzform, was er unter Anthroposophie versteht: „Anthroposophie ist ein Erkenntnisweg, der das Geistige im Menschenwesen zum Geistigen im Weltall führen möchte."

Diese Aussage beinhaltet:

- Es gibt ein Geistiges in jedem Menschen.
- Es gibt außer der sichtbaren auch eine unsichtbare Welt, die es zu entdecken und zu erforschen gilt.
- Einen Weg der Selbstentwicklung, der die eigene geistige Kraft im Menschen aktiviert.

Anthroposophie[20] versteht sich als eine Anregung, diesen Forschungsweg auf den verschiedensten Lebensgebieten zu beschreiten. In der Pädagogik handelt es sich um die schrittweise Entfaltung des Menschen zur freien Selbstbestimmung.

Die Waldorfpädagogik ist daher keine dogmatische Anwendungspädagogik, sondern entsteht erst im individuellen Weg und den Begegnungen.

Steiner schreibt: „Was gelehrt und erzogen werden soll, das soll nur aus der Erkenntnis des werdenden Menschen und seiner individuellen Anlagen entnommen sein."

Die Aufgabe des ‚Erziehenden' liegt darin, das in jedem Menschen ‚Verborgene', zur freien Selbstbestimmung fähige Wesen zu fördern und sich zu bemühen, dass es sich gesund entwickeln kann. Dazu müssen die individuellen Entwicklungsbedingungen erkannt werden, denn in jedem Lebensalter zeigen sich verschiedene Ausdrucksweisen, die der Mensch vorgeburtlich bereits mitbringt.

Anregungen dazu bieten selbstständig durchzuführende Arbeitsprojekte, Landwirtschafts-, Sozial- und Betriebspraktika zum Erfassen von größeren Zusammenhängen und als Erfahrungen im sozialen Miteinander.

Der Leitgedanke ist, dass das Kind aufgrund von zwei Faktoren lernt und sich entwickelt. Zum einen aus einem dem Wesen entspringenden mitgebrachten Lernwillen, zum anderen aus der Anregung durch die menschliche Umgebung, die diesen Lernwillen erst richtet.

Kein Mensch erwirbt den aufrechten Gang, wenn er sich nicht durch aufrecht gehende Menschen dazu anregen lässt, kein Mensch lernt sprechen, der Sprache nicht in seiner Umgebung hört.

Dabei verändert sich dieses Verhältnis zwischen Vorbild und Lern-wille so, dass der Mensch im Kleinkindalter existentiell zu der Welt der Erwachsenen aufblickt und sich anregen lässt, das Schulkind Orientierung an einem seelischen Vorbild sucht, der Jugendliche sich aufgrund von geistigen Wertvorstellungen seine Handlungsan-triebe bildet.

Es liegt aber allem der Trieb zugrunde, durch Eigentätigkeit das zu werden, wozu man die Veranlagung hat oder, wie es auch durch spi-rituelle Meister formuliert wird, der zu werden, der man ist.

So wie eine Eichel bereits sämtlich Informationen enthält, um eine Eiche zu werden, so hat auch jeder Mensch einen ‚Fahrplan' mitge-bracht, um das in ihm liegende Potenzial zu entfalten. Um dieses Po-tenzial zu entfalten, braucht es neben einer liebevollen Umgebung auch ein Verständnis, mit welchen Mitteln und Wegen diese Anlage zur vollständigen Ausdehnung gebracht werden kann.

Eine Eichel birgt zwar ihr volles Potenzial in sich, aber stagniert in ihrer Entwicklung ohne Wasser, Licht und nahrhaftem Boden.

4. Von der Angst zur Liebe

K ann es sein, dass wir uns das Leben immer schwerer machen, weil wir die Komplexität mehr lieben als die Einfachheit? Das Konzept der Komplexität wird uns bereits vom Kindesalter an einverleibt. Als Kinder rebellieren wir noch dagegen, doch spätestens als Erwachsene übernehmen wir diese Ideologie als eine Wahrheit.

Komplexität und damit verbundene Glaubenskonzepte werden von uns nicht länger hinterfragt, sondern eine Stufe höher im Überzeugungssystem unseres Bewusstseins als Fakten definiert. Damit ist jegliche Diskussion und Infragestellung zu Grabe getragen – umgangssprachlich ausgedrückt sagen wir: so ist es halt!

Heerscharen von Wissenschaften bezeugen und bestätigen uns dieses Konzept.

Die Komplexität nimmt zu, die Verwirrung breitet sich aus, und wir entfernen uns immer weiter von uns selbst. Wir agieren weniger und reagieren dafür mehr. Mit dem Ergebnis, dass sich unsere Motivation im Leben immer mehr an der Angst orientiert.

Aus der Angst zu denken und handeln bedeutet, den Fokus im Leben auf die Vermeidung zu legen.

- Ich will nicht krank werden
- Ich will nicht arbeitslos werden
- Ich will später genug Rente haben
- Ich will nicht sozial absteigen
- Ich will nicht arm sein
- Ich muss mich vor anderen schützen
- Ich habe Angst vor dem Alleinsein

Durch die enorme Informationsflut, die durch die zunehmende Komplexität unserer Welt entstanden ist, und durch das Internet, das mit Lichtgeschwindigkeit diese Informationsfülle zeitgleich in alle Ecken und Enden projiziert, fühlen wir uns immer mehr überfordert. Aber haben Sie sich schon einmal gefragt, wie viele dieser Informationen wirklich relevant und vor allem förderlich für Ihr Leben sind?

Wie wichtig ist es wirklich, dass Sie wissen, ob in China ein Sack Reis umfällt?

Information wird häufig mit Wissen verwechselt, und zudem identifizieren wir uns auch über das Wissen.

Wer die neuesten Fakten und Trends kennt, steht häufig im Mittelpunkt und bekommt dadurch wertvolle Aufmerksamkeit von anderen. Je mehr Aufmerksamkeit auf irrelevante Informationen gelegt wird, desto weniger bedeutsames Gedankengut kann entstehen.

Die Aufmerksamkeit ist mit das wertvollste Instrument, aus Ihrem Leben das Beste zu machen. Dort, wohin Sie Ihre Aufmerksamkeit richten, erfahren Sie sich selbst und erweitern zudem die Realität. Je mehr Aufmerksamkeit auf ein Problem gerichtet wird, desto größer und komplexer wird es.

Wohin richten Sie Ihre Aufmerksamkeit?

Je weiter wir mit unserer Aufmerksamkeit in die Richtung unserer Quelle gehen, also dem Ursprung unseres Seins, desto einfacher werden die Konzepte, die wir in uns finden. Auf der höchsten Ebene unseres Bewusstseins gelangen wir an einen Punkt, bei dem es nur noch die Wahl zu einem einzigen Konzept gibt.

Auf dieser Ebene können wir nur noch zwischen der Liebe oder der Angst entscheiden. Wobei dies in letzter Instanz und auf der höchsten Metaebene keine Wahl ist, da die Liebe das einzige ist was existiert, und die Angst nur eine Illusion ist.

Entscheiden wir uns für die Liebe, dann folgen wir der Idee, dass es in Wirklichkeit keine Trennung gibt, dass alles mit allem verbunden ist und einer einzigen Quelle des Lebens entspringt. Dass wir über unbegrenztes Potenzial verfügen, es keinerlei Grenzen gibt, außer denen, die wir erschaffen wollen, und über grenzenlose Macht verfügen.

Entscheiden wir uns für die Angst, dann folgen wir der Überzeugung, dass alles voneinander getrennt ist, nichts einen Ursprung hat, und wir letztendlich völlig machtlos sind. Aus dieser Machtlosigkeit entsteht nicht zuletzt unser zwanghaftes Verhalten alles unter Kontrolle zu bekommen. Der Begriff Angst ist verwandt mit dem lateinischen Wort ‚angustus' bzw. ‚angustia' und steht für Enge, Beengung, Bedrängnis.

Die Liebe ist die Quelle unserer Existenz, und sie steht für die einzige Wirklichkeit, die es gibt. In den verschiedenen Religionen und im spirituellen Sprachgebrauch wird dies auch als Einssein, Gott, Schöpfer, Jehova, Allah bezeichnet. Der Ursprung des Lebens kommt aus dieser Quelle.

Diese Wirklichkeit entzieht sich der Möglichkeit des Verstehens, da das Denken nur aus den Fragmenten unserer eigenen erschaffenen Realität besteht – womit wir beim Ego angelangt sind. Das Ego und die Angst sind auf der Metaebene betrachtet ein und dasselbe, da das Ego immer nur ein winziges Fragment des Ganzen ist.

Das Ego oder ‚Ich‘ ist ein eigenständiges, selbsterschaffenes autonomes Individuum, unabhängig und getrennt von der Quelle. Das ‚Ich‘ betrachtet sich als eigener Schöpfer und ist daher das Zentrum der Ursache. Ein ‚Ich‘ oder Ego ist nicht imstande die Wirklichkeit der Liebe als Ausdruck der Quelle zu erfahren, da sich das Ego als eigene Quelle der Schöpfung betrachtet.

Es ist vergleichbar mit einem Computer, der alle Daten, die im Laufe des Lebens durch die Sinne angesammelt wurden, auf einer Festplatte abspeichert und katalogisiert. Darunter befinden sich erlerntes Wissen, Meinungen und Überzeugungen.

Das Ego ist deswegen nichts anderes als eine gigantische Sammlung abgespeicherter und interpretierter Daten. Es steht in keinerlei Verbindung mit dem Lebensprozess! Eine virtuelle Welt vergleichbar mit einem Computerspiel.

Übersicht von Eigenschaften, die mit Angst und Liebe assoziiert sind:

Angst	Liebe
vermeiden	zulassen
verurteilen	segnen
verteidigen	respektieren
Unsicherheit	Gewissheit
Zweifel	Zuversicht
Misstrauen	Ehrlichkeit
Eifersucht	Empathie
sorgen	vertrauen
Ohnmacht	Allmacht
streiten	versöhnen
planen	intuitiv
starr	flexibel

Aus der Angst heraus zu entscheiden, bedeutet also entweder vergangene Daten, oder zukünftige Ereignisse aufgrund vergangener Daten, als Kriterium der Entscheidungsfindung zu benutzen. Das bedeutet, dass Ihre Aufmerksamkeit auf eine von Ihnen erschaffene virtuelle Welt gerichtet ist, und daher nicht im gegenwärtigen Augenblick ist.

Das Leben findet aber immer im gegenwärtigen Augenblick statt. Unser Ego und unser rationaler Verstand haben selbstverständlich

Ihren Platz im Leben, – ohne diese könnten wir gar nicht erst erwachsen werden.

Aber für Fragen, die direkt mit dem Leben selbst zu tun haben, ist es notwendig aus der Liebe und der Einheit[21] zu denken und zu handeln. Nur dann sind wir in der Lage, neue Impulse, Ideen und Möglichkeiten von der Quelle des Lebens zu empfangen, und an einem kreativen Prozess der Evolution teilzunehmen.

Dabei ist die Intuition hilfreich, denn sie ist ein wesentlicher Bestandteil unserer Wahrnehmung, der in direkter Verbindung mit dem Leben steht. Die Intuition entzieht sich der physikalischen Welt von Zeit und Raum, und hat deshalb Zugang zum gesamten Wissen, allen Erfahrungen, und zu allen Personen – lebendig oder bereits verstorben.

5. Von der Trennung zur Einheit

Wissenschaftliche Entdeckungen auf den Gebieten der Biologie, der Quantenphysik und der Sozialwissenschaften in den letzten Jahrzehnten zeichnen ein völlig neues Bild unseres Universums auf, als das mit dem wir aufgewachsen sind. Unser altes Weltbild betrachtete uns als getrennte Individuen.

Wir waren der Gnade unserer Erbanlagen ausgeliefert, und haben verzweifelt gegeneinander, gegen das Tierreich und sogar gegen die Erde selbst um unser Überleben und unseren Platz in der Welt gekämpft.

Durch eine erweiterte Sicht der Wissenschaft, was erst durch die Fortschritte in der Technologie möglich wurde, können wir jetzt in immer größere Dimensionen unseres Weltalls vordringen, aber auch Prozesse verstehen, die auf kleinster, atomarer Ebene ablaufen.

Durch diese erweiterte Sichtweise ergeben sich völlig neue Zusammenhänge, welche einen Paradigmenwechsel auslösen werden, den wir seit ein paar Jahren bereits anhand einer immer größeren weltweiten Krise sehen können.

Wir wissen jetzt, dass alles im Universum miteinander verbunden ist, und wir ein Teil davon sind. Es scheint, als ob wir mit unserem Bewusstsein und unseren mentalen und physischen Fähigkeiten die wertvollste Position als Teil dieses Ganzen einnehmen. Wir erkennen langsam, dass unser gesamtes Bemühen, immer mehr Grenzen zu ziehen, und immer mehr Kontrolle auszuüben, fatale Folgen für unser Leben hat.

Schon lange sind diese Folgen sichtbar, aber wir versuchen immer noch mit unserem alten Denkmodell der Getrenntheit die Auswirkungen zu reparieren. Aber wie kann eine begrenzte Idee eine begrenzte Realität ändern? Um das Problem wirklich zu verstehen, muss man zuerst die Denkebene wechseln. Im Folgenden möchte ich Ihnen zwei Beispiele dafür geben.

Der Kampf gegen den Drogenkonsum

Wie viel Geld wurde bereits für den Kampf gegen Drogen ausgegeben – ohne jeglichen Erfolg? Das Gegenteil geschieht! Je mehr Aufmerksamkeit in diesen Bereich fließt, desto größer wird er.

Erinnern Sie sich noch an den Physikunterricht zum Thema Isaac Newton? Druck erzeugt Gegendruck.

Offensichtlich bringt uns dieses theoretische Wissen keinen Schritt weiter, ohne ein erweitertes Verständnis dafür, wie sich dieses Gesetz nicht nur bei Maschinen in der Welt auswirkt, sondern auch im Geiste.

Die USA sind nicht nur Spitzenreiter im Kampf gegen Drogen, sie sind auch der größte Verlierer. Im Haushalt[22] 2017 waren dort bereits 15,2 Milliarden Dollar für Aktivitäten zur Senkung des Drogenangebots eingeplant – Tendenz steigend.

Viele – auch harte Drogen – waren allerdings lange Zeit relativ legal zu haben. Europa und Nordamerika förderten den Hanfanbau noch im 17. und 18. Jahrhundert und tolerierten den Konsum. In Großbritannien[23] boten die angesehensten Warenhäuser kleine Sirup-Dosen mit Heroin für Damen der besseren Gesellschaft an. Jede Unze des Sirups enthielt 65 Milligramm reines Morphium.

Auch der deutsche Bayer-Konzern verkaufte damals Hustensaft mit Heroin.

Aber mit zunehmendem Kapitalismus und damit einhergehender Isolation und spiritueller Verarmung nahm auch der Konsum von Drogen immer weiter zu. Die meisten Regierungen führten harte Verbote und hohe Strafen ein, aber ohne den geringsten Erfolg. Übrigens ist Alkohol auch eine Droge, die in ihrer reinsten Form unweigerlich zum Tod führt, aber nach wie vor völlig legal ist.

Was würde wohl mit unserer Gesellschaft passieren, wenn Alkohol auf die Liste der verbotenen Drogen gerät?

Drogen, und die damit verbundene Sucht, sind ein Indiz für die Suche nach Wahrheit, Einheit und vor allem nach Liebe. Je mehr Isolation und sozialer Missstand uns voneinander trennt, desto größer wird das Verlangen, dem Gefühl der Verzweiflung, Hoffnungslosigkeit und Einsamkeit zu entkommen.

Das Problem lässt sich also nur lösen, indem man zum Ursprung des Problems gelangt, und sich die Frage stellt, warum überhaupt erst Verzweiflung, Hoffnungslosigkeit und Einsamkeit entstanden sind.

Der Widerstand gegen die Mega-Konzerne

Durch die rasant zunehmende Digitalisierung unserer Welt dominieren Mega-Konzerne wie Google, Microsoft, Apple, Facebook und Amazon den weltweiten Markt an Produkten und Dienstleistungen.

Mit Zuwachsraten von bis zu fünfzig Prozent pro Jahr schieben sich diese Konzerne immer weiter in den Vordergrund. Nicht zuletzt hat die Corona-Pandemie diesen Firmen zu einem zusätzlichen Umsatzplus verholfen.

Immer mehr Unmut macht sich in der Bevölkerung breit. Man sieht immer mehr kleinere Firmen, vor allem Familienbetriebe, in den Konkurs rutschen. Das Gesicht der Innenstädte verändert sich drastisch. Immer mehr Billig-Discounter und Filialen von großen Franchise-Unternehmen drängen in die Innenstädte und hinterlassen eine seelenlose und trostlose Monokultur. Regierungs- und Städteinitiativen, die sich gegen diesen Trend einsetzen, sind in der Regel machtlos.

Regierungen versuchen verzweifelt große Konzerne zu zerschlagen und mit heftigen Strafen gegen ihre Monopolstellung vorzugehen. Ein kleiner Teil der Bevölkerung versucht ihre Produkte bei kleineren Firmen zu kaufen, die den Fairtrade unterstützen, CO_2 neutral sind oder eine ökologische Haltung haben.

Der Trend zu immer größeren multinationalen Konzernen ist aber so nicht aufzuhalten. Auch hier bedarf es ein Umdenken, und auch hier ist die Lösung auf einer anderen Ebene zu suchen als das Problem.

Kapitalismus ist unter anderem geprägt von den Prinzipien der Konkurrenz, dem Besitz und dem kontinuierlichen Wachstum, welches durch ein Geldsystem aus Zins und Zentralbanken unterstützt wird. Wenn zwei Firmen im gleichen Marktsegment tätig sind, dann kämpfen sie automatisch gegeneinander, um mehr Marktanteile für sich zu beanspruchen.

Die gängigen Methoden sind Automatisierung, Preisdumping, Schleichwerbung, Schneeball- und Pyramidensysteme, unwahre Angaben und unseriöse Geschäftspraktiken. Am Ende erfolgt oft die Übernahme der Konkurrenz und damit ein Gewinn und Umsatzplus für die Aktionäre. Nachdem ein Unternehmen am globalen Wettbewerb teilnimmt, kann ein weiteres Wachstum oft nur durch das Schlucken weiterer Firmen aufrechterhalten werden.

Es ist eine endlose Spirale, welches durch die Regeln des Kapitalismus und des Geldsystems erschaffen wurde.

Eine Monopolgesetzgebung[24] wurde zwar in den meisten Industriestaaten deklariert, da man sich dieser Gefahr bewusst war, allerdings hat ein Mega-Konzern am Ende oftmals mehr Macht als die Regierung.

Mega-Konzerne locken Regierungen oft mit der Erschaffung von Arbeitsplätzen und erzwingen dadurch z.B. massive Steuervorteile.

Das bekannte Brettspiel Monopoly wurde ursprünglich von der Amerikanerin Elizabeth Magie als Protest gegen das ‚Goldene Zeitalter des Geldes' erfunden. Die ‚Carnegies', die ‚Rockefellers', die ‚Vanderbilts', und die ‚Morgans' hatten damals viel Wohlstand erschaffen, der sich allerdings auf wenige Menschen konzentrierte. Ihr Brettspiel sollte als Lehrmittel dienen, um über das Übel des Monopols zu unterrichten.

Wissen Sie, wer in diesem Spiel – unabhängig vom Gewinner – immer das Monopol[25] hat?

Eine Lösung kann also nur auf Basis der Änderung der Strukturen erfolgen. Das bedeutet Abschied nehmen vom Kapitalismus in der heutigen Form, und Abschied vom Geldsystem, welches in der jetzigen Form zu einer immer größer werdenden Kluft zwischen Arm und Reich führt. Ein Blick in die USA zeigt, dass dort die Mittelschicht über die letzten zehn Jahre bereits völlig kollabiert und in die Armut abgerutscht ist.

Dieser Trend zeigt sich auch in Europa, allerdings etwas langsamer, da die Regierungen über weitaus mehr und umfangreichere Sozialprogramme verfügen. Allerdings führt diese zunehmende Last zu immer mehr Steuern und Gebühren und wird auch bei uns früher oder später in einem Zusammenbruch enden, falls nicht vorher neue Strukturen etabliert werden.

Auch ein bedingungsloses Grundeinkommen kann nur ein Notpflaster für den Übergang in ein neues System sein.

6. Vom Überleben zum Leben

Was tun wir nicht alles, um immer länger zu leben! Die durchschnittliche Lebenserwartung der Deutschen steigt statistisch gesehen jeden Tag um sechs Stunden. Ein neugeborener Junge kann heutzutage auf eine durchschnittliche Lebenserwartung von 79,7 Jahren bauen. Bei einem neugeborenen Mädchen sind es sogar 84,1 Jahre.

Spitzenreiter im Altern sind die Menschen aus Hongkong. Dort werden die Männer im Durchschnitt 82,3 Jahre alt, und bei den Frauen liegt der Wert sogar bei 87,7 Jahren – Tendenz steigend.

Der Tod ist nach wie vor ein heikles Thema, das wir am liebsten ganz aus unserem Leben streichen würden. Die Akzeptanz für das Thema ist mittlerweile zwar etwas höher, allerdings versuchen wir verzweifelter denn je zuvor, dem Tod von der Schippe zu springen – koste es was es wolle.

Aber eine überalternde Gesellschaft kann mit den heutigen finanziellen Regelungen nicht länger finanziert werden. Die Beiträge für die Rentenkassen können nicht länger nur von den Erwerbstätigen aufgebracht werden.

Immer höhere Sozialabgaben werden über kurz oder lang zum Erliegen ganzer Industriezweige führen.

Fast jeder zweite ältere Mensch stirbt bereits in der Klinik, nahezu jeder Dritte im Pflegeheim. Die Kosten für Medikamente und Operationen haben schon längst astronomische Werte erreicht. Immer mehr Sparmaßnahmen und Rationalisierungen führen außerdem zu einer immer größer werdenden Isolation und Einsamkeit. Das Lebensalter steigt zwar, aber die Lebensqualität sinkt rapide.

Durch unsere materielle Ausrichtung sehen wir den Tod als das schrecklichste und beängstigendste Ereignis in unserem Leben. Wir rackern uns zwei Drittel unseres Lebens ab, um endlich im Rentenalter unser Leben aus vollen Zügen genießen zu können. Aber für die meisten ist es dann schon zu spät.

Entweder haben sie nicht genug Geld auf der Seite, sind unflexibel geworden, oder körperlich eingeschränkt. Zu spät registrieren die meisten, dass sie ihr Leben vergeudet haben, den vielen Illusionen einer glitzernden und funkelnden Konsumgesellschaft auf den Leim gegangen sind, und ein Umkehren nicht mehr möglich ist.

Der Tod ist wie das Leben nur eine Definition an die wir glauben.

Auf der atomaren Ebene stirbt nichts, sondern verwandelt sich nur. Aus der Sicht der biologischen Ebene ist es das Ende der individuellen Existenz.

Die biologische Notwendigkeit des Todes hat aber weniger mit dem Individuum zu tun als mit dem Kollektiv, da es der Erhaltung und Weiterentwicklung der Art, der Menschheit dient. Die Erfindung des Sex und damit die immer wiederkehrende Kombinationsvielfalt der DNA erschafft auf ganz natürlichem Weg das Fortschreiten der Evolution.

Auch hier hilft nur ein Umdenkprozess. Das Leben in einem Körper ist nur eine Variante unseres Daseins. Es ist unser universeller Geist, der außerhalb von Raum und Zeit existiert, und sich mit der Form eines Körpers verbunden hat. Durch unsere materiell ausgerichtete Anschauung richten wir unsere Aufmerksamkeit immer nur auf den vergänglichen Teil, anstatt auch den unvergänglichen Anteil zu sehen. Ist es nicht ein und derselbe, von dem die Aufmerksamkeit ausgeht?

Sind Sie wirklich jemand anderes, als der, der geboren wurde? Natürlich haben Sie andere Ansichten und Gewohnheiten als früher, andere Vorstellungen und Erfahrungen.

Aber ist nicht derjenige, der diese Erfahrungen gemacht hat immer noch der gleiche? Sind Sie wirklich älter geworden, oder ist nur Ihr Körper gealtert?

7. Vom Tun zum Sein

Eine der ersten Fragen, die wir bei der Begegnung[26] mit einer neuen Person stellen ist, was sie macht. Dabei meinen wir in erster Linie die berufliche Beschäftigung.

Die Antwort erhalten wir fast immer spontan in der Form einer direkten Identifikation: Ich bin Banker, ich bin Steuerberater, ich bin Rentner. In eher seltenen Fällen hört man auch: Ich arbeite bei Firma X, oder ich bin bei Firma Y angestellt.

Wir leben in einer Gesellschaft, die sich fast ausschließlich über das Tun definiert. Weiter, höher, schneller, smarter und vermögender sind Begriffe, die mehr zählen als unsere geistigen und emotionalen Werte wie z.B. Einfühlungsvermögen, Beziehungsfähigkeit, Wertschätzung und Güte.

Bei Männern sind wir dieses Verhalten der Identifikation über die Arbeit gewohnt, aber zunehmend definieren sich nun auch Frauen verstärkt über ihre Arbeit.

Früher konnten sie Ihren Selbstwert auch über andere Rollen definieren, zum Beispiel darüber, dass sie sich um die Kinder kümmerten. Heutzutage richten sich beide Geschlechter ganz auf die berufliche Identität, dabei werden alle anderen Rollen im Leben immer mehr abgewertet.

Eine immer häufiger um sich greifende Überzeugung sieht den Nutzen unserer Talente nur noch darin, dass wir sie in den Dienst einer Firma stellen, die daraus Gewinn schlagen kann.

Der Arbeitsplatz wird zur Suche nach dem heiligen Gral. Arbeit ist das dominante Medium geworden, um uns in die Gesellschaft einzubinden und Anerkennung zu bekommen. Auf der Kehrseite sind wir zum Objekt des Konsumenten geworden, dessen Bedürfnisse nach den Wünschen der Wirtschaft geformt werden.

Völlig integriert und absorbiert in diesem Konzept des Tuns um jeden Preis, sind wir nichts weiter als ein Produkt, ein winziges Zahnrädchen im Getriebe des globalen Kapitalismus, dessen Existenz so austauschbar ist wie ein beliebiges Ersatzteil.

Unser Tun entspringt fast immer einem Drang, der inneren Leere zu entkommen. Da wir nicht wissen, wer wir wirklich sind, haben wir Angst vor dem, was wir vielleicht finden könnten.

Der Weg zum wahren Selbst führt über die Grenzen des Egos hinaus und geht einher mit einem Gefühl des Kontrollverlusts.

Wer bin ich ohne meine Vorstellungen über die Welt, ohne meine Beziehungen, und ohne mein Hab und Gut? Was bleibt von mir, wenn ich alle meine Glaubenssätze und Überzeugen beiseite lege?

Den inneren Widerstand gegen unsere eigene Natur projizieren wir in die Welt. Durch diesen magischen Trick – der völlig unbewusst abläuft – glauben wir das Problem gelöst zu haben, und fokussieren unsere Aufmerksamkeit von da an nur noch auf die Welt. Die Welt, die wir sehen ist ein Resultat dieses Konzepts. Was wir erschaffen, sind meistens nur Bruchstücke und Ausdruck unserer inneren Gespaltenheit.

Alles Erschaffene widerspricht sich dadurch, und deshalb hat auch jeder eine andere Auffassung darüber. In den meisten Fällen spiegelt unsere Realität den eigenen Mangel[27] und die Begrenzung wider. Solange wir an diesem Spiegeltrick des Denkens hängen bleiben, und nicht erkennen, welche Beweggründe dazu führten, solange wird sich nichts in unserer Realität ändern.

Wenn wir allerdings von Kindheit an, mit der richtigen Förderung mit unserem wahren Wesen in Kontakt kommen, und uns mit dem Sein statt mit dem Tun identifizieren, dann beginnt ein völlig neues Spiel des Lebens. Aus der Identifikation mit dem Sein, und der sich daraus ergebenden Verbindung mit der Quelle unserer Schöpfung, entsteht ein neues Bild unseres Bewusstseins.

Jeglicher innerer Widerstand hört dadurch auf zu existieren, da wir uns unserer eigenen Natur gewiss sind.

Jetzt entfaltet sich unser Tun aus einer anderen Motivation als der Angst und dem Widerstand, nämlich aus der Stille der Liebe.

Aus dem Urgrund unseres Seins, welche sich stets in der Verbindung mit allen anderen Menschen, Tieren, Pflanzen und der Erde als lebender Organismus sieht.

Ein Lehrer gab seiner zweiten Klasse die Aufgabe etwas Fantasievolles zu malen. Nach einer halben Stunde ging er durch die Schulbänke und schaute den Kindern neugierig über die Schulter. Bei einem Mädchen blieb er verdutzt stehen und frage sie was sie malte. Das Mädchen antworte: „Ich male Gott". Spontan entgegnete der Lehrer: „Niemand weiß, wie Gott aussieht". Das Mädchen erwiderte darauf: „Kommen Sie in fünfzehn Minuten wieder dann wissen Sie es."

Nachwort

Wir stehen vor einer Chance des Neubeginns, der nicht mehr mit dem herkömmlichen Denken eingeleitet werden kann. Statt uns nur mit Händen und Füßen gegen die Veränderung zu wehren, könnten wir einen Moment innehalten, und uns die Schwachstellen unseres Systems ansehen, welche jetzt für viele erst sichtbar werden.

Werden wir diese jetzige Krise als Gelegenheit nutzen, oder werden wir mit unserem alten Denken weiter mit der Titanic auf den Eisberg zulaufen? Werden wir weiterhin unsere Stimme der Verantwortung an Firmen, Organisationen und Regierungen abgeben, und uns anschließend weiterhin über die Missstände beklagen? Oder sind wir bereit endlich volle Verantwortung über unser gemeinsames Leben zu übernehmen?

Die neuesten wissenschaftlichen Erkenntnisse bestätigen, dass unser Universum kein Lagerhaus statischer, separater Objekte ist, sondern ein einziger Organismus miteinander verbundener Energiefelder in einem ständigen Zustand des Werdens, und dass in jedem von uns ein außerordentliches Potenzial liegt, das weit über das hinausgeht, was in der Vergangenheit für möglich gehalten wurde.

Mit dem gleichen Denken wie bisher werden wir auch weiterhin die gleichen Umstände erschaffen. Nur ein Umdenken kann auch einen Umbruch unseres Systems bewirken.

Erinnern Sie sich daran, dass Sie sich niemals über Fakten ärgern, sondern nur über Ihre Interpretation dieser Fakten. Es liegt an jedem einzelnen sich seines wahren Potenzials bewusst zu werden, und die Quelle seines Wesens zu entdecken.

Es bedarf Mut und Vertrauen, diesen Schritt zu gehen, denn im Grunde ist es die Angst vor unserem eigenen Potenzial und unserer Liebesfähigkeit, die wir fürchten. Nicht das Leben ist es, das wir in den Griff bekommen müssen, sondern unseren Widerstand gegen das Leben.

Jetzt Kostenloses Hörbuch anfordern!

Wussten Sie, dass Einsteins wichtigste Entdeckung nicht die Relativitätstheorie war? Erfahren Sie sein erstaunliches Geheimnis und damit den Schlüssel für Freiheit und Erfüllung in Ihrem Leben. Holen Sie sich jetzt das kostenloses Hörbuch!

Bitte diese Webseite notieren und in Ihrem bevorzugten Webbrowser eingeben:

thomasherold.com/audiobuch-geschenk

Weitere Bücher von Thomas Herold

Einsteins Wichtigste Erkenntnis
Warum die Antwort auf eine einzige Frage
Ihr Leben entscheiden kann

Wussten Sie, dass Einsteins wichtigste Entdeckung nicht die Relativitätstheorie war? Erfahren Sie sein erstaunliches Geheimnis und damit den Schlüssel für Freiheit und Erfüllung in Ihrem Leben.

Diese Antwort – ob bewusst oder unbewusst getroffen – beeinflusst alle Aspekte Ihres Lebens! Sie prägt das allgemeine Lebensgefühl und Ihre Grundhaltung zum Leben selbst.

Würde ich Ihnen jetzt unmittelbar diese elementare Frage auf dem silbernen Tablett präsentieren, dann wäre das etwa so, als ob ich Ihnen nur die letzte Seite eines überaus spannenden Romans zu lesen gäbe. Stellen Sie sich vor, Sie sehen nur die letzten fünf Minuten eines spannenden Krimis. Sie werden keinerlei Bezug zum Film haben. Der tiefere Sinn, die Zusammenhänge, und der emotionale ‚Spaßfaktor‘ bleiben auf der Strecke.

In diesem Buch werden Sie Einsteins wichtigste Entdeckung erfahren. Eine Entdeckung die für Jahrzehnte verborgen blieb und es vor kurzer Zeit veröffentlicht wurde.

Einsteins wichtigste Erkenntnis ist die Grundlage, aus der sich Ihr Lebensziel ergibt:

- Ein Ziel, das niemals mit einem anderen Ziel in Konflikt steht
- Ein Ziel, das Sie Ihr Leben lang begleitet
- Ein Ziel, das Sie motiviert ohne sich motivieren zu müssen
- Ein Ziel, das Ihnen Sicherheit und Vertrauen schenkt
- Ein Ziel, das Sie niemals vergessen werden
- Ein Ziel, das Sie mit anderen Menschen auf tiefster Ebene verbindet
- Ein Ziel, das eine dauerhafte Quelle für Inspiration und Freude ist

Wie finde ich mein Ziel im Leben am besten heraus?

Erfolgreiche Ziele, und solche die auch die meiste innere Zufriedenheit mit sich bringen, sind Ziele die über Ihre Person hinausgehen. Je mehr das Ziel andere mit einschließt, und je mehr das Ziel anderen dient, desto erfüllter werden Sie sein.

Anstatt Sie also mit endlosen Zielvariationen und Zielsystemen zu konfrontieren, möchte ich Sie auf eine Reise mitnehmen, an deren Ende Sie genau wissen, was das wichtigste Ziel (Entscheidung) in Ihrem Leben ist.

Erhältlich bei Amazon als E-Buch, Taschenbuch und Hörbuch.

Moderne Geldschöpfung

Geld aus dem Nichts und der Zinstrick der Zentralbanken

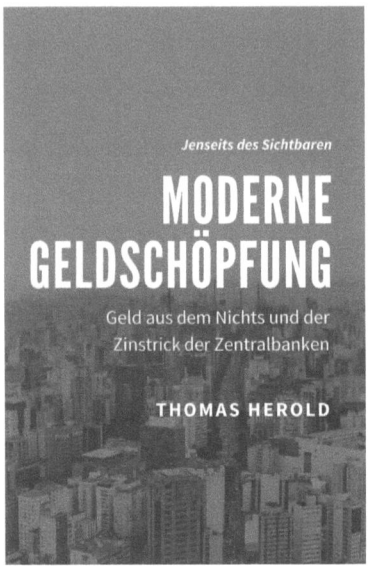

Fragen Sie sich gelegentlich auch warum alles ständig teurer wird?
Warum Wohnraum in den letzten Jahren unbezahlbar geworden ist,
und weshalb Ihr Geld auf der Bank täglich weniger wird?

Schafft Geld Wohlstand?

Seit der Corona-Krise laufen die Druckpressen aller Zentralbanken
heiß. Es wird weltweit mehr Geld gedruckt als je zuvor, und das
weltweite Finanzsystem steht vor der größten Herausforderung seiner Geschichte. Der Finanzcrash 2008 war bereits ein Indikator für
die kommende Endphase.

Wenn Banken zusätzliches Geld drucken, ohne das mehr Waren und Dienstleistungen zur Verfügung stehen, dann wird das gesamte Geld auf dem aktuellen Markt abgewertet. Es bedeutet, dass Sie plötzlich weniger kaufen können, selbst wenn der Euroschein in Ihrer Hand denselben Wert zeigt.

Dieser Prozess wird Inflation genannt, und ist das Hauptinstrument der Banken, um Geld aus dem Nichts zu verdienen. Es ist außerdem die wirksamste und auch hinterlistigste Art Ihr Geld zu entwerten, und nichts anderes als Betrug.

Wie entsteht modernes Geld?

Die Geldschöpfung im 21. Jahrhundert ist mittlerweile äußerst komplex geworden, und Sie werden nur mit erheblichem Zeitaufwand und größter Anstrengung durchschauen, wie sie im Detail funktioniert.

Wäre es einfach zu durchschauen, dann würde das Vertrauen in unser modernes Geld noch schneller als bisher schwinden, und ein globaler Aufstand gegen das bestehende Geldsystem würde sich beschleunigen.

Wie moderne Geldschöpfung genau funktioniert, und weshalb wir vor der größten Revolution in der Geschichte des Geldes stehen, erfahren Sie in diesem Buch.

Erhältlich bei Amazon als E-Buch, Taschenbuch und Hörbuch.

Zeitenwende 2020

Prognose und Wegweiser zum Aufbruch in ein neues Zeitalter

Spätestens Ende April 2020 muss jedem klar gewesen sein, dass wir in einer außerordentlichen Krise stecken. Covid-19 diente dabei als Brandbeschleuniger für die Wirtschaft, und hat eine weltweite wirtschaftliche Brandrodung, die schon Jahre zuvor loderte, in Gang gebracht.

Was vielleicht nur wenige in 2020 sehen können, ist das Ausmaß dieser Krise.

Was ist eine Zeitenwende?

Eine Zeitenwende stellt einen Umbruch im historischen Geschehen dar. Um kollektive Veränderungen besser zu verstehen und damit umzugehen, hat der Mensch schon seit jeher verschiedene Methoden der Prognostik benutzt.

Prognostik bedeutet, dass wir uns Mittel und Instrumente bedienen, welche zeitlich wiederkehrende Zusammenhänge aufzeigen und verdeutlichen. Wir können uns damit auf kommende Veränderungen besser einstellen und Fehlverhalten vermeiden.

Welche Veränderungen kommen?

In diesem Buch werden Sie aufschlussreiche Einblicke in den Bereich der Prognostik erfahren. Sie werden dadurch weitaus besser verstehen, weshalb bis ins Jahr 2025 massive globale Veränderungen auf uns zukommen werden. Diese Neugestaltung wird soziale, wirtschaftliche und auch die politische Ebene betreffen.

Erhältlich bei Amazon als E-Buch, Taschenbuch und Hörbuch.

Die Stimme der Intuition

Die universelle Quelle für Inspiration und Erkenntnis

Glauben Sie wirklich, dass Fakten und rationale Entscheidungen der beste Weg zum Erfolg sind? Damit nutzen Sie nur drei Prozent Ihrer geistigen Kapazität! Nur durch die Intuition entfalten Sie Ihr volles Potenzial.

Jeder Mensch hat direkten Zugang zur Intuition, und kann durch gezielte Steuerung seiner Aufmerksamkeit darauf zugreifen und sie nutzen, um damit wichtige Entscheidungen in seinem Leben zu treffen.

Lernen Sie auf Ihre Intuition zu hören und ihr zu folgen

Ihre Intuition ist immer da, wenn Sie sie wirklich brauchen, allerdings ist es nur in den seltensten Fällen die dominante innere Stimme oder Wahrnehmung. Ihr Verstand spricht meistens lauter und dominiert Ihre innere Stimme.

Es gibt eine höhere Intelligenz als die Ihres rationalen Verstandes, welcher nur drei Prozent Ihrer geistigen Kapazität ausmacht. Über Ihre Wahrnehmung haben Sie Zugriff auf hundert Prozent Ihres geistigen Potenzials. Ist das letztendlich nicht das, was Sie wirklich im Leben suchen?

Erhältlich bei Amazon als E-Buch, Taschenbuch und Hörbuch.

Anmerkungen

[1] https://www.fritjofcapra.net/

[2] https://www.clubofrome.org/

[3] https://www.handpresso.com/de/blog/einige-daten-zum-weltweiten-kaffeekonsum-n84

[4] https://thomasherold.com/zeitenwende-2020/

[5] https://anthrowiki.at/Platonisches_Jahr

[6] https://www.tagesspiegel.de/wissen/sonnensystem-die-milchstrasse-ist-ein-kosmisches-karussell/19185838.html

[7] https://thomasherold.com/ueberzeugungen/

[8] https://thomasherold.com/metaebene-geld/

[9] https://thomasherold.com/stimme-intuition/

[10] https://thomasherold.com/metaebene-geld/

[11] https://www.thevenusproject.com/

[12] https://de.statista.com/statistik/daten/studie/155713/umfrage/anteil-der-buerger-mit-wohneigentum-nach-bundesland/

[13] https://thomasherold.com/erloesung-hingabe/

[14] https://www.abendblatt.de/ratgeber/wissen/article107532803/So-klein-ist-ein-Nanometer.html

[15] https://www.heise.de/tipps-tricks/TeraFLOP-was-ist-das-4474464.html

[16] https://en.wikipedia.org/wiki/History_of_supercomputing

[17] https://www.schiessle.de/KlassTechZiv.htm

[18] https://www.biologie-seite.de/Biologie/Am%C3%B6be

[19] https://www.iarc.who.int/

[20] https://www.freunde-waldorf.de/die-freunde/buecher-und-magazine/waldorfpae-dagogik-weltweit/teil-1/die-grundlagen-der-waldorfpaedagogik/

[21] https://thomasherold.com/erloesung-hingabe/

[22] https://www.whitehouse.gov/the-press-office/2016/02/09/fact-sheet-administrati-ons-drug-control-budget-represents-balanced

[23] https://www.zeit.de/wirtschaft/2016-04/drogenpolitik-un-konferenz-new-york-mexi-ko-konsum

[24] https://wirtschaftslexikon.gabler.de/definition/monopolgesetzgebung-37941

[25] https://thomasherold.com/metaebene-geld/#Das_Monopoly_Spiel_-_Ursprungli-ch_ein_Lehrmittel

[26] https://thomasherold.com/beziehungen/

[27] https://thomasherold.com/wohlstand/